AF279706

LA RUTA DE MIS BESOS

Primera edición,
agosto 2025

© Luz Belén Pulido Palomino

Obra coordinada por

Opera Prima

C/ Espejo, 10
28013 Madrid
Tels. 91 559 29 49 / 696 57 01 31
operaprima@operaprima.es
www.operaprima.es

Maqueta: Nerea Peña Peña

ISBN: 978-84-10244-70-2
Depósito legal: M-17514-2025

Impreso en España

LA RUTA DE MIS BESOS

Un viaje al amor propio

Luz Belén Pulido Palomino

OP

ÍNDICE

CAPÍTULO UNO

BUSCANDO (EL) AMOR

Esperanza

La soledad me acompaña en mi alcoba de plata,
la corona que adorna mi cabeza se siente pesada,
y solo mis labios guardan la esperanza de
el príncipe azul entrando por mi ventana.

Mis labios y corazón están confundidos,
no encuentran la puerta a un amor genuino.
He cambiado de calendarios, he visitado varios sitios
y aún no he conocido a alguien compatible conmigo.

Por eso escribo este libro,
quiero plasmar lo que siento
en la búsqueda de mi amor eterno.

¿En dónde está el amor?

Mi habitación está helada,
mi corazón está desierto
y la humedad de mis labios
no sacia mi sed.

Mi cabeza está en una ruleta rusa
y mis piernas se sienten como un ancla
que no me permite moverme de la cama.

¿Cómo es posible que lo que no existe
y solo es sea lo más difícil de alcanzar?
mi mente se nubla a lo real y mis sentidos
no pueden sentir más.

Solo puedo pensar en el amor como un reflejo inalcanzable
cuya sombra se escapa entre mis dedos
dejándome el anhelo en el pecho de lo que nunca podré
                                                    [tener.

Mujer herida

Oh, mujer herida,
¿y qué somos nosotras sin el amor?
Oh, mujer herida, canta para que no te olviden,
pídele a la luna que te bañe con su belleza,
para que alcances la dicha de ser vista.
¿Y qué somos nosotras sin el calor de sus brazos?
Oh, mujer herida,
baila para que noten el mover
de tus caderas,
y el sol te ilumine con algún rayo de su luz
y puedas soltar lo que te dañe.
Oh, mujer herida,
te veo y la tristeza me inunda,
me ahoga y desarma.
Ojalá algún día tú te puedas ver.

La aridez de mi ser

Las dificultades de mi ser, la mentira de mi alma,
y las ilusiones vagas de mi mente, no me dejan en paz.

El agua no satisface la aridez de mi corazón,
no calma la sequía de mi cuerpo,
y ya el viento me ha arrebatado las energías
de seguir buscando tu piel.

A lo lejos, veo cómo las fuentes se secan,
el amor se desvanece; cuando el sol sale,
todo es oscuridad.

Desastre natural

Soy una tormenta que ahoga,
un temblor que destruye. El huracán de mi ser.
Quizá te cause terror.

Mi amor es fuego, y todo lo que toca lo convierte en ceniza.
El volcán que vive en mí pronto hará erupción.

Soy un desastre natural.

Desesperada

La desesperación no es mi amiga;
me ha llevado a lugares a los que no regresaría.
Me pierde en su abismo y me inyecta dosis de melancolía.

La desesperación es un espejo
en el cual me observo y veo cómo me estoy perdiendo.

La desesperación vive en mi balcón;
a veces sale y ve el horizonte,
y se rinde ante la realidad,
de que el amor no llegará a mi alma jamás.

¿Dónde está?

Háblame para descifrar el escondite de tu mente
y yo pueda llegar a lo más profundo de tu ser,
la existencia del amor, ¿será verdad?
Escucha mi canto, mi alabanza hacia el sol
que solo así sabré lo que espera tu corazón.

Piérdete en la luna cuando esté completa
y pregúntale en dónde se encuentra tu alma gemela,
abre tus ojos hacia mí
que yo sé cómo hacerte feliz.

Juega con mi cabello
y enrédate en mis deseos.

Ven que mi voz te ilumina,
ven que puedo ser yo el amor de tu vida.

Te conoceré

Mi imaginación va (a) mil por hora,
cuando cierro los ojos siento que ya te conocí,
te besé y hasta te conté lo más oscuro de mí.

Te construyo en mis sueños
y cada vez soy más perfeccionista
para poder enamorarme de ti.

Tus ojos claros y tu cabello castaño
se pierden cuando logro dormir,
tus manos suaves y tu voz grave
hacen que te pueda oír.

¿Qué pasará cuando te tenga frente a mí?
el día que yo pueda decir que
sí existes y que no estaba loca,
por esperar sentir amor por ti.

Ven

La necesidad de encontrarte atormenta mi pensar.
Observó el andar rutinario de los fantasmas con vida,
aquellos seres pálidos llenos de cobardía
y me aterra pensar que quizá para allá va mi vida.

Este sentimiento de soledad
me hiela los huesos y desgarra mi piel
me atormenta que en este mundo tan vacío
mi felicidad depende de tenerte.

El encontrarte no es remedio
el darte un beso quizá sería mi sufrimiento
pero dime, ¿qué puedo hacer si no te tengo?

Mi corazón clama por verte
y en cada latido tu ausencia es más evidente,
siento que esta herida jamás sanará.

Los besos idealizados

Me quedo con el recuerdo de ese día,
(cómo) al cerrar los ojos sentí que ese beso
no me pertenecía.

Sentí en la piel que el lugar se iba cerrando
y las personas poco a poco se iban desvaneciendo
hasta quedar solo tú y yo latiendo en un vago recuerdo.

Ese beso duró más en mi pensar que en la realidad
y la idea que fui correspondida no me dejaba respirar
sentí que por fin había encontrado esa persona a mi medida.

Pero todo eso fue una idea vaga;
un beso que idealice y un cuento de amor que yo sola me
[conté.

Preguntas al tiempo

Te busco en las manecillas del reloj,
el cual me dice que ahí ya no estás,
y pierdo el consuelo al escuchar eso.

El tiempo pasa lento y hace que pueda adornar
mi vida con personas que solo vería en secreto,
pero cada vez es más difícil escuchar mi voz
que se desvanece en las mentiras de esos trofeos.

Veo el reloj a cada instante que salgo con ellos,
y mi mente divaga porque no me interesa
saber algo de ellos; solo hay un pensamiento que rebota
constantemente en mi interior, una pregunta cuya respuesta
aún no sé.

¿Acaso soy tan difícil de amar?

En un lugar

En esta ruta no he dado contigo
a pesar de que me he perdido en jardines de desconocidos
y he regado sus plantas porque parecía un gesto lindo.

He tomado barcos sin timón
porque quizá en el mar pueda pensar con claridad
y sus olas puedan traer serenidad
para saber si vale la pena esta búsqueda a la idea
que tengo del amor de verdad.

En ese mismo camino el sol me acaricia
y como gesto humilde le pido desde lo más profundo
de mi corazón que cuando mi viaje termine
y llegue al puerto llamado soledad
mi alma pueda sentir algún alivio que no
necesita a alguien más.

CAPÍTULO DOS

¿AMOR?

Llegaste

Mírame, que quiero conocerte.
Háblame para que te encuentre.
Tu perfume me hace sentir que ya he estado aquí.

Eres tan familiar, que quizá en otras vidas
nos juramos amarnos hasta la eternidad.

Me siento tan bien que quiero gritar
que la espera lo valió todo.
Eres la respuesta al porqué de muchos *No*.

La vida me estaba llevando hacia ti
y hoy que estamos aquí,
solo toma mi mano y amémonos sin fin.

¿Es real?

Después de cada despedida, al fin contemplo tu rostro
reflejado en el mar. Mis ojos se encienden cuando el eco
me susurra que has vuelto.

La música nos envuelve, y las vibraciones de las melodías
nos guían hacia la salida.

Todo sucede tan deprisa,
¿será real?

Todo parece perfecto,
¿acaso estoy en un sueño?

Nuestras manos se buscan entre la multitud,
y el calor de nuestros cuerpos provoca que
se encuentren, se anhelen.

Acaricio tu alma y un sentimiento me inunda
hasta el punto de ahogarme entre la duda
de por qué persiste este
presentimiento de que pronto llegará el fin.

Formato

Al final no pude evitar
que nuestras miradas se encontraran,
no pude seguir fingiendo
que no sentía nada.

Caí, una vez más,
en la trampa del "hubiera",
y me descubrí pensando,
imaginando: ¿qué pasaría si…?

Siempre estuviste ahí,
pisando el mismo suelo,
viendo la misma luna,
hasta que esos pasos
te llevaron hacia mí.

Quizá era inevitable.
No te culpo.
Yo tampoco habría podido decir que no
tan tentadora declaración.

Bajaste mis defensas
y las pusiste sobre la mesa.

Me quitaste, poco a poco,
el escudo que tanto defendí.
Y aquí estoy.
En lo que no quería:
otra despedida.
No se siente como un corazón roto,
se siente como un formato inconcluso.

Y vuelvo a escuchar a Cupido reírse,
jugando con mi destino,
uniéndome a alguien que quizá era un "sí",
en el abismo de un tiempo que se torna a un "no".

Tus manos

Tócame con suavidad, tócame con
la nostalgia de quien ya sabe perder.
Deja que el humo de mi espíritu
se entrelace con tus dedos.

Acaríciame con la delicadeza del agua,
pero a mí no me dejes ir.
Que aunque son libres,
nuestras manos se reconocen como si
llevarán la vida buscándose.

Deja tu mano en mi pecho
porque cuando tus labios no saben
qué decir, ellas hablan por ti.

Tu llegada

Llegas cuando no espero nada,
cuando mi soledad se pinta de colores,
y mis piernas recobran las fuerzas
para seguir adelante.

Llegas cuando el amor
no es un tema importante para mí,
y mi vida se llena de magia
cuando logró sonreír.

Llegas cuando mis noches tienen
calma y mis días son de paz.
Llegas en el momento indicado,
porque yo te sabré amar.

Lento

Bésame lento mientras te desvaneces con el mar,
susúrrame al oído que aún estás acá,
quédate conmigo y despidamos juntos al sol.

Acostémonos en la arena y contemos las estrellas,
enciende la fogata de mi alma y así poder llenar de calor
tu corazón.

Dame la llave de la jaula
donde encierras tus sentimientos dorados,
confía en mí que yo te haré feliz.

Corre conmigo sin un destino,
deja que mi amor te guíe,
que mis ojos te iluminen
y que mis labios te acaricien.

Tu reina

Quiero ser ese beso que derrumbe las murallas
de tu castillo, ese beso que te ayude con la corona
y que sepas que juntos somos uno mismo.

Ven, deja hablar a tu Venus y no te ocultes en tus sueños,
háblame de los mundos que están detrás de la puerta
mientras nos escondemos bajo las estrellas.

Toma mi mano y deja de temblar,
ten paz que el mañana pasará,
mírame a los ojos y renueva tu fe.
Piérdete en la galaxia que es mi ser.

Sireno

Qué bien se siente estar acá,
qué amable es el mar,
que te resucitó de entre sus muertos,
y te trajo hasta mí como una ola que no tiene fin.

Qué bien se siente sentir,
después de tanto tiempo vacía,
aprendí a escuchar el silencio
que mi alma guardaba para mí.

Qué bien se siente tenerte,
eres tan dulce que embriagas,
y tu ser me empalaga,
haces que se me olvide
lo salado que puede ser el mar.

¿Qué tan grande es tu amor?

Tus manos hoy se sienten pesadas,
tus ojos me gritan que me amas,
y tu sonrisa no quiere morir.

¿Cuánta felicidad podrá soportar tu corazón?
¿Qué tan lejos llegarías por amor?
Y si mañana me voy, ¿estás dispuesto a seguir
luchando por los dos?

Duda

Por fin te veo y siento que estás aquí.
Mi corazón fluye y el viento me lleva a ti.
¿Qué es esto que se siente tan bien?

Promesas

He prometido amaneceres eternos
y noches de silencio. He vivido creyendo que el
amor nunca es correspondido, y he regalado mis
suspiros a desconocidos.

Ojalá me equivoque contigo y
nunca digas que fue el destino el que te cruzó conmigo.

He aprendido que el amor no es un título,
que los secretos lastiman y que lo que parece real
solo son mentiras.

Por eso sufro cuando veo recuerdos felices
de personas cuya sonrisa ya no existe,
esos amores que se juran ser eternos
pero se esfuman cuando llegan los malos momentos.

La peor droga

Quizá no soy suficientemente poeta
para encontrar inspiración en tus labios
y en lo más simple de tus halagos.

Las letras no fluyen cuando quiero escribir de ti
mi lápiz solo arrastra frustración
y entre la oscuridad, mi luz se debilita.
Las huella de tu alma se desvanecen en mi piel
y las flores que me das se marchitan cuando te ven.

Mis lagunas se secan, mi vida también.
Mi espíritu no me perdona que le estoy haciendo daño
otra vez. Mis manos tiemblan y mi voz desaparece.
Eres ese mal que las adicciones también tienen.

Cárcel de amor

Los "te amo" de mi alma son presos de mis suspiros,
la cárcel de mis pensamientos no me permite estar contigo,
la fuerza de mis manos no me deja ir a donde tú estás.

Me aferro a mí misma, no quiero perderme en ti.
No creo ser la indicada, quizá soy solo un momento
que tu vida necesitaba para aprender a ser feliz.

Jamás le he prometido a la luna ser una eterna enamorada.
Soy el viento que entra por tu ventana
para crear caos y se va cuando todo pasa.

Soy solo una alma vieja que vive para bailarle al sol
antes de que se vaya en busca de su nuevo amor.

Morir por un beso

Las voces me susurran que serás ese mal
que me dañará, los ríos me reflejan que eres el
castigo que mi boca pagará.

Mi piel se esconde bajo la tormenta de mi ser,
mi yo cercano le teme a la cárcel de tus besos
y mi alma libre no quiere perderse otra vez.

Estoy nadando en contra de lo que siento,
el océano de tu amor puede ahogarme en el silencio.
Mis ojos ven al cielo y en lo más eterno suplico compasión.
Qué culpa tengo yo de enamorarme de alguien que no
                                        [tiene corazón.

Las murallas

Cuando tus manos tocaron mi piel
derrumbaron las murallas que ocultaban mi pecho.
Cayeron todos mis miedos, y la idea convencional
que tenía del amor se fue desvaneciendo.

Rompiste mi parte dura y cruel con tus besos.
Por ti, le fallé a mi promesa de olvidarme del amor.

El tiempo fue nuestro aliado, y la distancia estuvo de
                                        [nuestro lado.
Tú y yo vivimos historias diferentes. Yo me creía salvavidas,
pero tú hundes a la gente. Al principio parecía perfecto,
pero al final yo salí perdiendo.

Repitiendo

Estoy en el mismo lugar
con la misma pregunta,
pero diferente ser.

Las dudas no me dejan dormir,
pero ahora la respuesta cambió.
¿Por qué he de seguir en este abismo
por no saber decir que no?

Me quiero alejar,
pero mi curiosidad me encierra
y envenena mi paz.

Quiero encontrar la respuesta
a lo que juré siempre amar y hoy no está.

Confusión

En el laberinto de tu amor, no logro descifrarte,
aunque la tierra se abra con cada paso que doy.
Un volcán dentro de mí quiere hacer erupción.

No entiendo tu manera de amar
ni tu voz tan apresurada
cuando hablas de mí.

Tu boca se llena de "te amo",
pero mi piel no percibe
la sinceridad de tu sentir.

La oscuridad

El cementerio de tu amor me estremece,
y la blasfemia contra tu honor me causa terror.
Tantas dudas invaden mi mente,
y me ahogo en silencio cuando pronuncio tu nombre
frente a la gente.

Los fantasmas del pasado
no quieren dejarte ir.
No los entiendo, si la vida
es más hermosa sin ti.

No eres

No eres lo que busco, mucho menos lo que quiero,
pero hay algo en ti que no me deja dormir.

Me duele el cuerpo solo de pensar que te quiero.
En las noches te odio porque me quitas el sueño,
adueñándote de todo lo que deseo.

Me llena de ira que mi sonrisa es el alimento de tu ego;
te crees perfecto por haberme ganado en este juego.

No quiero matarte de ilusiones porque esto
es pasajero. No acepto menos de lo que quiero,
y en este enredo, tú me sales debiendo.

CAPÍTULO TRES

¡AHÍ NO ES!

"Le pedí al universo una gota de inspiración
y aclaró que no hablaba de romper mi corazón"

Lo peor

Tus ojos rojos y tu sonrisa escalofriante
me demuestran el demonio que carga tu ser.

Te dejaré como el monstruo de la historia,
porque eso fuiste para mí.

Aquel que me convenció de que el morado era gris
y que con besos apagó todo en mí.

Hiciste que olvidara quién era
y el porqué de mi existir.

En una jaula

Estoy en un viaje complicado hacia el amor.
Pensé que mi alma era libre,
pero me encontré con un carcelero de ilusiones.

Para mi desgracia, caí en sus mentiras.
Me acostumbré a la oscuridad
y no quería ver la salida.

Ese lobo fue robando mi alma,
y no se detuvo hasta
desvanecer mi esencia.

Yo era solo un juego
para él, mientras que para mí,
él lo era todo,
esa persona que juró cuidarme y fue la misma
que me hizo pedazos.

Con rencor

¿De qué te sirvió vestirte de caballero,
si por dentro escondes a un lobo hambriento?
Eres un devorador de almas, y tus palabras
son sombras que matan.

¿Por qué ocultar tus verdaderas intenciones
bajo el manto de la bondad, si lo único que buscas es
robar la dignidad?

Me resultó sencillo caer en tu juego,
me cautivó tu falso reflejo.

Lástima que el brillo de tu piel
no revele la oscuridad de tu alma,
porque si así lo fuera, serías el fantasma
que me acecha cuando la luna alumbra mi ventana.

Tu cuento de amor

Veo que te vas y te alejas de mí,
quizá es duro asimilar
que lo nuestro no fue verdad.

Nunca fuimos ese cuento de hadas,
ni las fantasías que te inventabas,
porque la princesa de tus sueños
jamás quiso ser rescatada.

Acepta que la idea de la mujer perfecta
es un invento de tu cabeza, y abre los ojos
para verme de nuevo: yo soy de carne y hueso.

Me haces mal

No sé si pueda estar contigo.
El mundo es frío,
y mi alma lo es aún más.

La lluvia borra mis risas,
y el mar se lleva el amor.

Una cortina de llanto
oculta mi pasado.

Mi vida pierde su razón de ser,
y mi corazón ya no encuentra alivio.

Arder en ti

Tus ojos encendieron todo lo que tenía dentro,
me llevaron del cielo al infierno en un momento.

Jamás supe cuánto fuego podría soportar mi piel
nadie me había preguntado si me gustaba arder.

El fuego fue nuestro aliado y lo alimentamos con
la desconfianza que trae el viento.

La llama de mi corazón encendió la fogata
olvidada de tu alma, y tú me fuiste consumiendo.

Las cenizas de tus recuerdos me arden en los ojos,
y los destellos de aquel día junto a ti, se funden dentro de mí.

Duele y quema saber que me enamoré de una
versión que jamás existió en ti.

¿Fuiste real?

Fuiste ese dolor de cabeza al que le llamé amor,
y como un bandido te llevaste mi paz.
Juraste que contigo nadie me haría daño.
¡Qué ingenua fui! si el mismo diablo se vestía de ti
y me llevaba flores de su jardín.

Corazón enojado

¿Cómo te atreves a decirme que me ame,
que te olvide y que busque la felicidad que tú me
[arrebataste?

¿Con qué cinismo vienes y me abrazas,
si tus brazos son cuchillos que me clavas en la espalda?

¿Por qué te cegaste de amor cuando me conociste,
si al final solo eran falsas ilusiones las que tenías para dar?

Creaste fantasías en mí para que soñara los días a tu lado,
y me juraste estar eternamente enamorado.

¿Cómo puede ser que salga tan lastimada
de un juego que nunca quise para mí?

Caí en tu engaño, en tu dulce manipulación,
tus promesas fueron vacías, me dejaste sin paz.
Ahora responde: ¿cómo logró volver a mí?
¿Cómo me olvido de ti?

Ladrón, ven

Ladrón, que te robas mi sueños y mi inspiración,
déjame en paz, que tu rostro atormenta mi pensar.

¿Qué quieres de mí, si todo te lo di?
Ladrón, devuélveme la ilusión que tenía del amor
y llévate los recuerdos que abrazan tu nombre,
porque laten y duelen; están dentro de mí.

Ladrón, regrésame la vida, regrésame mi sonrisa,
esa que te llevaste en tu partida.
Ladrón, vuelve a mí.

Dolor

Mi dolor se esconde en mis sueños.
Las tardes grises y húmedas me arrullan para que
mi corazón ya no siente más dolor.

Mis pensamientos se apagan por instantes
para no sentir la necesidad de pedir perdón.

A tu lado descubrí en mí a alguien diferente,
mi sonrisa cambió, y el tiempo a tu lado
se volvió mi pasatiempo preferido.

Extraño lo que fuimos.
Aún guardo las risas que compartimos,
y escondo en la profundidad de mí el
recuerdo tus gritos. No sé porqué sigo
aquí, si dentro de mi muero por dejarte ir.

Lágrimas

Gotas que caen desde el cielo de nuestro cuerpo,
caen tan despacio que puedo sentir cómo se van
                              [desvaneciendo.

Gotas que no tienen marea, porque llevan recuerdos
que duelen si los dejas.

Gotas que a veces acumulo en la garganta,
haciendo que me ahogue en una infinita tristeza y una
                              [lenta danza.

Por favor, vete

Por favor, para.
¡Alto! Que mi corazón ya no aguanta.
Ya no me lastimes con tu voz que mata.

Calma tu sed antes de mirarme a la cara.
Déjame ir, que yo ya no quiero estar aquí.

Toma tus cadenas y deja de aferrarte a mí.
Encuéntrate cuando me dejes, búscate en las paredes
que tumbaste las cuales son testigas de cómo me trataste,
en puertas que cerraste y en las flores que me regalaste.

Nunca fui tuya, nunca lo seré.
Solo fuimos una ilusión, una mentira
de lo que queríamos ser.

Perdimos

Cuando la luna nos abrazó con su luz
y tus ojos encontraron los míos,
ambos nos perdimos.

Cuando el sol salió y nuestras manos se tocaron,
ambos perdimos.

Cuando nuestro abrazo pasó de primavera a invierno
y nuestra risa cambió de tono,
ambos nos perdimos.

Cuando nuestros suspiros dejaron de tener dueño
y nuestros sueños no se entrelazaron
en la existencia de lo lejano,
ambos nos perdimos.

Ayuda

Una mirada, un gesto y un grito
cambiaron todo lo que había dentro de mí.

Las personas rumoran que quien maltrata es quien te golpea,
pero a mí me rompió quien me hacía feliz.

Tenemos la idea equivocada de que el amor cambia,
que el monstruo que habita dentro de él solo es un reflejo
de las inseguridades del pasado.

Que la bestia de esa noche no es real, no era él,
que por amor puede calmar ese impulso de lastimar
que sus lágrimas ahora sí son sinceras.

Que vive una constante lucha interna para sanar
esas heridas que le trastornan la cabeza.

Pero todo es una linda y dulce mentira que usa para que creas
que es diferente, pero al final no deja de ser el diablo
                                        [disfrazado
de inocente.

No

No, no quieras entrar a mi cabeza
y decir que fue mi culpa
el origen de tu tristeza.

No, seca tus ojos falsos
y encierra tus sentimientos en una jaula;
son tan filosos que matan.
No, no te quedes, porque tus suspiros me hieren,
tu voz me duele y tus falsas promesas
me desvanecen.

Dejar ir

Las cadenas se sienten pesadas.
Lo que escondo en mi ser
mi alma aún no lo descifra,
y hay un dolor latente que crece día con día.

No encuentro la salida,
y tampoco sé dónde empecé.
Estoy perdida, y todo porque creí en ti otra vez.
Juraba que el amor no lastima
y que yo era muy valiente
para saber decir adiós cuando
no me trataban bien.

Pero tú entraste tan sutil y suave
a mis pensamientos más profundos
que llegué a creer que eras fiel.

Me duele, me duele mucho
saber que me equivoqué.

Nada

"Se termina el nada que sí existió
en una parte de nosotros dos.
Lo nuestro se quedó en suspiros
y en el anhelo de ser más que amigos".

CAPÍTULO CUATRO

LA MAGIA QUE HAY EN MÍ

Propio

Esta tarde mi corazón voló,
me habló de ti,
me habló de mí.

En la lejanía de los lares
renace mi fe,
y mi manto de agua
sacia mi sed.

¡Oh, corazón mío!
Vuela otra vez,
no tengas miedo
que solo no te dejaré.

Que en la oscuridad de mi insomnio
se encuentra la sabiduría de mi ser,
y en la lejanía del sol,
aquel amor que será mío otra vez.

Amor y muerte

¿Qué hay después del amor?
¿Alguien me puede decir qué hay después del amor?
Después de la existencia del sentimiento en el pecho,
El sentido de la vida gira en torno al amor.

Entonces, ¿qué hay después del amor?
Quizá es la muerte,
la muerte de quien eres y de todo
lo que un día creíste ser.

El amor es tan puro para este mundo
lleno de impurezas; ¿cómo es que aún
podemos amar con tanto odio en el aire,
con tantas inseguridades y tantos farsantes de amor?

Si después del amor está la muerte,
es porque probablemente el corazón deja de latir
y nuestro espíritu de sentir.
He aquí la respuesta:
después del amor está la muerte.

Porque las personas mueren
cuando dejan de amar.
Se dejan de amar.

En pausa

Todos quieren calmar mi dolor,
susurrando que el tiempo sana
y el proceso te hace más fuerte.

Llevo en mi muñeca tres relojes diferentes,
y aun así sigue doliendo la herida.
Procesos, ¿qué es eso y dónde lo leo?

¿Dónde encontrar ese alivio?
¿Y dónde borro los sueños que tenía con él?
Déjenme vivir mi agonía, no todo es un proceso.

No me digan qué hacer en mi dolor más noble.
No me respondan si yo no hago preguntas.
Quiero llorar, sentir y vivir este infierno
que él me dejó en el pecho.

Y no sé de tiempos, pero estoy segura
de que esto no será eterno.

Las heridas de tu orgullo

Mi perdón lo podrás encontrar en el cielo,
pero las heridas siguen latiendo,
cada vez duelen menos.
Tus palabras fueron navajas
que atravesaron mi alma,
que yo fui aceptando.

Por ello no te culpo
de lo negro que veo mis días.
Yo dejé que los pintaras
para ocultar tus heridas.

Dando vueltas

En mis labios guardo rencor,
me quita el sueño pensar
en aquellos que ya no quiero mirar.

Veo mi mundo dando vueltas
y solo quiero descansar,
ser lo que siempre soñé
sin sentir la necesidad de
encontrar a alguien especial.

Me detengo en la lejanía de mis versos
y escribo este libro con inquietud en el pecho,
por aquella inocente que fui
y por los *no* que nunca pude decir.

Soledad, amiga mía

Una pregunta inunda mi pensar
y nadie me ha podido dar la llave de la verdad.

Veo cómo las personas huyen de ese mal
que quizá todos necesitamos para
aprender a amar.

¿Por qué le temen a la soledad?
Si cuando el viento cesa su andar,
la soledad trae calma y paz.

Y en otras ocasiones nos
abruma con la nostalgia de lo que
ya no está.

Soledad, amiga mía [2]

Soledad, escúchame,
que mi armadura se quiebra
y mis brazos ya no tienen fuerzas.

Soledad, guíame,
que quiero aprender a ser tu amiga
para salir de este sentimiento que
me ahoga en el rencor del pasado.

Soledad, no me dejes hasta que aprenda la lección,
hasta que mi corazón vuelva a su vaivén y mi vida
se sienta como el movimiento de los árboles
cuando están en paz.

Siempre fui yo

No eras tú quien hacía magia en mí,
siempre fui yo quien hizo que el sol
quemará más y la luna alumbrara
nuestro andar.

No fueron tus versos lo que
llenaban de color mi corazón, fui yo
quien, con mi amor, transformo
todo a nuestro alrededor.
La vida no se ocultaba en ti,
siempre fui yo quien supo
cómo vivir.

Aunque te vayas, yo sigo aquí,
y eso es suficiente para ser
cada día más feliz.

A ciegas

No culparé a nadie de lo que pasó entre él y yo.
Si las personas me decían que con él no,
a mi mamá no le agradaba sin ninguna justificación,
y a mi gato no le gustaba verlo en mi sillón.

El universo me envió mil señales,
mi intuición nunca confió.

La ansiedad me abrazaba y me gritaba que me alejara,
que ¡ahí no!,
yo sentía que me estaba encogiendo parar entrar
a su corazón.

La culpa no es mía, creí que cambiaría.
Tampoco es suya; esa es su manera de amar,
su manera tan hiriente de amar.

Esa rosa

Soy aquella rosa que solo podrás admirar,
esa que verás de lejos cuando el sol la acaricie
y la haga crecer.

Aquella a la que le hablas con palabras dulces,
pero que jamás cederá ante ti
porque solo vive para sí misma y para ser feliz.

Liberarnos

Negarte a ti sería como negarme a mí
y a lo que fuimos un día. Porque lo nuestro no habría
existido si una parte de nosotros no hubiese amado
lo que fue.

Recordarte es recordarme, y así darme cuenta
que el sentimiento existe porque extraño la versión de mí
que fue tan dulce y gentil.

No voy a reprimir lo que sentí por ti,
no esconderé la esencia de ese amor
que se sintió tan bien.

Dejaré que fluya
y que se vaya con el tiempo,
para que llegue a su causa,
la cual nos unió. Y solo ahí
seremos libres, seré libre.

Gracias

Abrazo tu esencia desde la lejanía de mi melancolía.
Fuiste como un ave errante que me guío hasta los abismos
de mi ser, donde yacían las heridas de mis ayeres.

Abrazo tu recuerdo, me inunda la nostalgia
al saber que fuiste un episodio que me ayudó a crecer.
Un momento que me fortaleció, un dolor
que me enseñó a amarme.

Abrazo a quien fuiste conmigo en los tiempos
de oscuridad y en mis momentos de esplendor.
Tú fuiste la razón de mis risas en el tiempo
que tu alma quiso estar conmigo.

Abrazo la felicidad, esa nadie nos la arrebata.
Fuimos dos llamas que se consumieron
en la distancia de nuestros besos.

Abrazo tu despedida, aunque el adiós dolió.
Agradezco que ya no estés,
pues ahora puedo vivir para mí.

Baño de paz

Me sumergiré en mi soledad,
me bañaré con mis propias lágrimas
y secaré mi cabello con mi último suspiro.

Llenaré mis pulmones de paz,
y el sol jugará con mis ojos
para iluminarlos más.

El viento me llevará a bailar,
y mi vestido azul combinará con el mar.

Lo que sí es para ti

Ten fe, que ese dolor se irá.
En el abismo de aquel amor,
renacerá una versión de ti.

Calma, que las ciudades se apagaron
para escuchar el lamento
de tu alma en soledad.

Los suspiros cobran vida
y las estrellas brillan si las miras.
Un nuevo amor está floreciendo
dentro de ti, dentro de mí.

Dama

El cuarto está oscuro,
y solo veo el reflejo de una dama solitaria,
que alza su canto a las estrellas.

Esa mujer de mil facetas
cambia su esencia todos los días,
Luna, ven y guíame al bailar,
cómo es que, dentro de tanta soledad,
tú brillas más.

Amiga, corre hacia mí,
muéstrame los secretos
de una mujer feliz.

Luna, sé mi cómplice en esta noche,
quiero empezar a vivir
sin ningún amor ajeno,
para aprender la dicha de mi propio existir.

Soy magia

Regresar a los lugares que vieron danzar a nuestro reír
me confirma que la magia siempre estuvo dentro de mí.
Tú tocaste la fibra que no conocía y sacaste el amor
que se ocultaba en los rincones de mis venas.

Soy yo, la mujer plena y feliz, aun cuando ya no
estés aquí. Mi vida sigue su ritmo, igual que los ríos,
para encontrarse con el mar.

Ilumino bosques enteros, impregno de amor lo que toco.
La inspiración es un hilo de mi esencia; soy yo la magia.
Las mariposas que nos envolvieron cuando nos conocimos
son mías, siempre han estado aquí, conmigo.

Tú solo despertaste esa versión en mí,
mas sigo siendo yo, aquella que hace florecer
los jardines, la que detiene cascadas
y que halla su renacimiento en las olas del océano.

Yo

Mis pulmones se llenaron de amor,
y mi vida se ve de color azul.

Estoy conmigo, en armonía con mi *yo soy*.
Soy la persona correcta para lo que hoy vivo,
mis sentidos están despiertos,
y vibro en cada momento.

Mi sueño es fuente de energía,
y mi respiración me envuelve un manto
de calma y paz, todo en mí fluye en perfecta sintonía.

Mi mundo es perfecto,
viajo a lugares que jamás creí conocer,
dentro de mí, dentro de mi ser.

"Un corazón roto es igual que un libro,
en él encontrarás secretos, sentimientos y dolores pasajeros,
es un viaje incierto en donde tu ser se transforma
desde el primer verso hasta el último punto
para conocer en la penumbra la razón del amor".

Soy mi universo

Siento mi sangre fluir en mi cuerpo,
siento cómo cada molécula vibra
dentro de mí.

Siento cómo el aire entra y me llena de paz,
mi corazón late al compás del canto de las aves.

Mis brazos se convierten en alas y las extiendo
cuando los árboles me hablan y me dicen que tenga calma.

Existo, esa es mi magia;
vivo, esa es mi razón para ser feliz;
canto, todos me escuchan;
soy luz, iluminó todo lo que está en mí.

Mi reflejo

En la profundidad de mi reflejo,
el espejo que había estado roto por mucho tiempo
se va reconstruyendo; en cada grieta hay una
canción para mí.

Cada vez me siento más cerca de la luz.
Mi cuerpo va sanando cada herida y mi
voz va recuperando la fuerza que había olvidado
cuando el amanecer llegó.

El espejo se enreda en mi cuerpo
y yo me transformo en amor.
No estoy dispuesta a juzgarme;
yo soy el verdadero amor.

Ecos

En un cuarto sin fin,
al pronunciar mi nombre,
una dulce voz me dice que por fin la encontré.

Ese tesoro que anhelaba ser descubierto
hoy toca mi pecho. Mis oídos se deleitan con los
susurros del aire.

Esa dulce voz me enseña que siempre
estuvo esperando por mí. La paz ilumina mi rostro
y siento plenitud dentro de mí.

Grito mi nombre aún más fuerte
para que vibre en todos los rincones,
para que el sonido de mi voz viaje a cada esquina
y todos sepan, y para que jamás se me olvide
que encontré el amor en mí.

Me encontré

Fue difícil este camino, me toque
con varios heridos, amores efímeros
y soldados caídos.

Quienes juraron ser eternos,
descubrí vidas desconocidas,
planetas que no existían
me perdí en un laberinto
pero pude encontrarme conmigo.

Trazos de mi amor

¡Qué gusto verte de nuevo! Te tenía tan olvidado
que dejé de contemplarte. Siempre me fijaba en las
imperfecciones de mi ser, en lo que le faltaba
a mi cuerpo para ser digno de ser amado.

He aquí, tan frágil y fuerte, tan real e intocable,
el lugar en donde todo de mí se fusiona y se fortalece.
Soy quien soy y vivo por amor, ese amor que nace en mi
naturaleza de mujer, que me abraza y me tiene devoción.

Me siento digna de amar, de amarme, de sentir mi cuerpo,
de habitarlo. La materia que se desplaza por el mundo es
                                        [perfecta,
mi esencia, pura, resplandece dentro de mí, y el amor por mí
me abraza tal y como soy, porque me acepto, porque me
                                        [venero.
Soy yo.

Vivo para ser feliz

El viento me susurra que por fin he encontrado el eco
de mi verdadero ser. Las ataduras que aprisionaba a mi
corazón se liberan hoy ante mí.

Danzo libremente con la felicidad y
el presente me regala la devoción de habitar el hoy.

Mis manos acarician mi piel suavemente
y en ella descubro el horizonte de mi sombra.
De repente, todo el universo se revela frente a mí;
una luz resplandece y me deja ciega por un instante.

Es ahí donde comienzo a sentir que me he encontrado
en lo más íntimo de mí. El dolor se borra y la luz
se vuelve majestuosa, llevándose todo lo
que no me permitía vivir.

CARTAS A MI FUTURO LECTOR

CARTA I

LA ARIDEZ DE MI ALMA

En mi jardín, la desesperación, la ira y la soledad entrelazan sus raíces para ser nutridas por mi tristeza, y en lo cotidiano de mi ser, me pregunto si alguna vez conoceré el amor más allá de las páginas de los libros en los cuales el amor prevalece; ahí parece ser todo posible. Pero en la realidad que hoy habitamos, los cuentos de hadas son muy lejanos.

Siento en mí la furia de un tornado que arrasa con todo a su paso, me siento como un caos imparable, como una tormenta que ahoga todo lo que ve. Sin embargo, sigo con la fe de aquel príncipe entrando por mi ventana, aunque en mi mente solo existan ecos de preguntas que jamás contestaré: ¿soy tan difícil de amar, o es que mis pensamientos son demasiados profundos para que alguien se atreva a explorar? La aridez de mi corazón no deja que ninguna siembra dé abundantes cosechas.

Mi esperanza se torna en imposibles, pero ¿cómo encontrar el amor si aún no sé lo que quiero de él? Me siento atrapada, navegando en un barco sin rumbo y sin dirección, me pierdo en mis propios escondites. Encontrar a quien amar parece una búsqueda infinita, una espera sin fin.

Mi viaje más difícil ha sido a mi interior, y la despedida más placentera es cuando encuentro y desconozco a mi ser. He emprendido un viaje a lo desconocido, con miles de laberintos y puertas sin cerrar, heridas que creí olvidadas, pero que en lo profundo aún respiran, duelen, duelen mucho.

Hay dudas que me han acompañado desde pequeña, como: ¿la idea del amor será algo esencial o es un constructo que hemos visto desde pequeños? ¿Acaso es tan necesario tener un compañero? ¿No es posible sobrevivir solo? Me encantaría no cuestionarlo, pero en mi cabeza todo suena así, todo es duda, inestabilidad… quizá esa es mi naturaleza: cuestionar todo y nada.

No todo es casualidad. Las hojas con letras, que forman palabras y nos dan oraciones, al final nos regalan un significado. Están aquí por algo. Quizá este viaje no solo sea mío, sino de más almas con dudas de: ¿dónde está el amor?

CARTA II

PROMESA DE VIDAS PASADAS

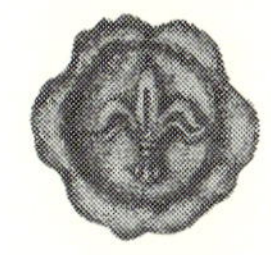

Ese sentimiento de cuando sus labios tocaron los míos para nada se sintió como sorpresa, porque era algo que yo ya conocía. En ese dichoso momento sentí cómo todas mis vidas pasadas se devolvieron a ese instante. Mi alma no se sorprendió, se reencontró. Su aroma, su mirada… yo ya había estado ahí, quizá en algún sueño del cual me olvidé al despertar.

Justamente cuando sus brazos me rodearon y me dio el beso más dulce en la frente, mi corazón se detuvo e hizo silencio por un instante que sentí eterno, como si hubiera algo más importante que escuchar: el latir de otro corazón, de su corazón. ¿Cómo es posible que, de todas las líneas del tiempo, te encontré en esta? De todos los destinos posibles, ¿por qué el mío? Me gustaría pensar que quizá fue el universo, una vieja promesa que nos persiguió hasta ese momento… o la casualidad de un corazón roto.

CARTA III

YA NO DUELE

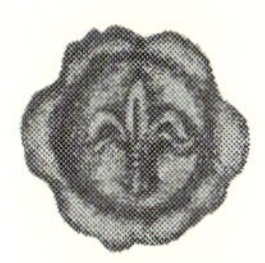

Quizá solo vamos cambiando de cuerpos, pero al final seguimos buscando la misma esencia, esa que, de alguna manera, creemos que podrá sanar la herida que algún desconsiderado nos dejó.

Pero, ¿y si con él me siento diferente? No sé por qué, pero en sus brazos hay algo que ya no duele. No significa que las dudas ni los miedos se vayan, porque siguen ahí, permanecen… pero encuentran calma.

Todo va tan deprisa que me cuesta saber si es real. Estoy tan acostumbrada a los amores pasajeros, a los vínculos fugaces, que ahora siento que soy yo la que va de paso. Y me duele, porque por primera vez… no quiero irme.

CARTA IV

SE FUE

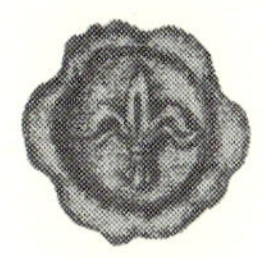

Él se fue, y me dejó con el sabor de su boca en mis labios, contemplando su reflejo desvanecido en el espejo de mi cuarto. Se fue con todo de mí: mis ganas de vivir y de sentir.

Ahora solo me queda tender la cama y recoger lo poco que queda de mí, aunque una parte de mí odie su presencia ambulante y fugaz en cada rincón de mi hogar… yo quiero que regrese.

Ya no tengo nada más que perder, porque todo se lo llevó.

Me dejó solo con dudas: ¿por qué el amor se acaba? ¿Cómo fue que, de repente, ya no sintió nada? ¿Qué pasó? ¿En qué parte de nuestro amor desapareció? ¿En qué rincón de mi cuerpo se perdió? Si tuviera las respuestas a todo esto, saldría hoy mismo a buscarlo en cada rincón de lo que fuimos.

CARTA V

SIN PESTAÑAS

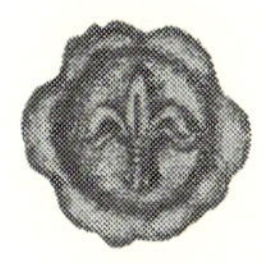

Me dejaste la costumbre de que cada vez que se me cae una pestaña, la tomo y pido un deseo antes de soplarla. Tú me quitaste las pestañas, una por una, lentamente, y por cada una, fue un deseo mío. Esta costumbre casi me deja ciega y agotó mis deseos, porque todos fueron hacia nuestro amor… hacia ti.

Siempre creí que cuando el amor es real, lo puede todo. Pero probablemente esta vez no era para nosotros. Quizá nunca lo fue. Tal vez nunca existió un "nosotros", aunque por un momento se sintió tan nuestro. Es extraño terminar algo que jamás empezó. Ahora estoy sin pestañas… y sin deseos. Y no sé qué podría hacer para que volvamos a ser lo que nunca pudimos ser en ese momento.

CARTA VI

UNA VÍCTIMA MÁS

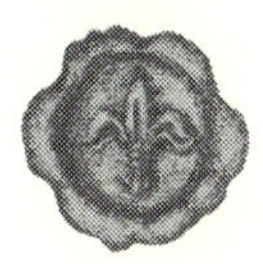

He hecho de mí un saco de inseguridades. Él me llevó del cielo al infierno en muy poco tiempo. Todo pasó tan rápido que no me di cuenta de cuándo mi cuerpo ya estaba ardiendo en

el fuego, su fuego. Supo cómo convencerme, sabía qué fibras tocar, qué palabras decir. Me envolvió en sus mentiras y yo terminé siendo parte de ellas.

La embriaguez de sus labios me mantuvo en estado etílico todo el tiempo. Podía ver mi vida pasar, sentir cómo todo en mí cambiaba, cómo se tornaba a gris. Perdí mi brillo intentando que él fuera feliz.

La desdicha de su ser me arrastró a lo más oscuro de mí. Tenía enfrente a mí a un narciso que se ahogaba en su propio reflejo, que se perdía en las tinieblas de su alma. Fui parte de su culto, una víctima más. Se convirtió en mi religión, en mi forma de pensar. Cuando me di cuenta, ya no quedaba nada de mí.

El monstruo de mi historia llevaba corona de rey, pero por dentro no era más que un lobo hambriento, sediento de almas, que se alimentaba de mí hasta dejarme en sombras. Al principio, todo fue caricias, ternura y miel… así es como cazaba el. Ojalá nadie más quede atrapado en su red, porque salir de ahí no es solo difícil… es como huir de un abismo donde aunque salgas de ahí una parte de él se queda en ti.

CARTA VII

¿QUÉ HAY DESPUÉS DE ÉL?

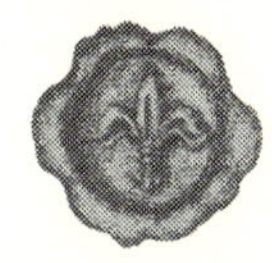

Una pregunta habita en mi pensar, y no puedo simplemente soltarla y seguir: ¿Qué pasó después de amarlo tanto? ¿Qué sigue después de un amor así? Cómo recupero lo que realmente soy? ¿Es posible que yo le escriba a un lector sin letras, sin profundidad, a alguien que carece de palabras, a un amor que, en el fondo, sé que jamás será? Todo en mí lo confirma: tú no eres para mí. Somos opuestos destinados a no encontrarse. No ves, y tampoco haces el intento de ver, de verme.

A veces me aferro a la idea de que algún día llegará alguien que sí me vea, que sea conmigo, y yo con él, que en medio del caos sus brazos sean mi refugio, que después de la tormenta, el arcoíris sea él. Tantos amores, tantos pasados, tantas heridas que aún hoy palpitan en mi ser. ¿Qué pasará si contigo perdí mi tiempo? ¿Y si a tu lado dejé pasar la oportunidad de conocer al que sí era para mí?

Si desde el principio supe que no eras tú, ¿por qué me quedé? Si sabía que jamás cambiarías, ¿qué me hizo creer que sí lo harías? Pero dime… Después de todo esto, ¿qué hay? ¿Te encontraré?

CARTA VIII

JAMÁS ME SUPO LEER

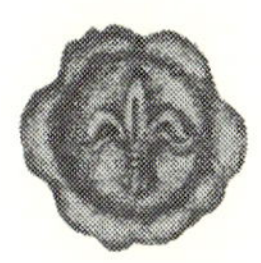

Hay sentimientos que solo pueden ser vividos una vez, pero ¿por qué el corazón puede ser roto infinidad de veces? Quizá el destinatario jamás lea estas cartas, quizá jamás me lea porque no pudo, nunca pudo ver más allá de mi piel. Qué tristeza, porque soy más que un cuerpo, mucho más, porque sí se atrevió a verme no fue completa y me quiso hasta donde sus

ojos pudieron ver. Juro que intenté abrirle las puertas de mi alma, pero su falta de curiosidad no lo dejó profundizar en mí. Yo pude sentir que él disfrutó más de mi silencio que de mi voz, yo con tanto que decir y él con nada que escuchar. No lo culpo, quizá así es su manera de querer, pero ¿qué culpa tengo yo de ser así?

CARTA IX

SIGUE SIENDO SOMBRA

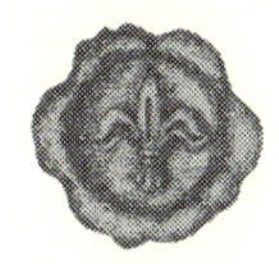

Sombras, ¿el reflejo de nosotros mismos? ¿O quizá solo un recuerdo de la oscuridad que somos? ¿Qué sería de mí sin la oscuridad de su amor, sin el fuego de sus ojos o, simplemente, sin la ansiedad que deja cada partida?

En mi andar me acompañan sombras, aquellas que alguna vez me amaron. Ahora solo son eso: sombras… porque lo único que me queda de ellos es su reflejo. Siento que, aunque me aleje de alguien, una parte de mí se queda con él… y una parte de él se va conmigo.

No todo es malo; incluso en medio de su ausencia, puedo encontrar un poco de claridad en cada una de sus dulces mentiras.

CARTA X

LA VOZ QUE NO ESCUCHÉ

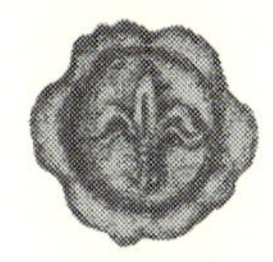

Gracias a las infinitas combinaciones entre genética, anatomía, idioma, cultura, modulación emocional e incluso acento, existen voces de mil tipos, con mil tonos diferentes. Podemos decir que hay más de ocho mil millones de voces únicas hablando cada día en algún rincón de este gran planeta: unas jurando amor incondicional y otras, muchas, inventando excusas para irse.

Hubo voces que vibraron en mi corazón, que, incluso con los ojos cerrados, podría reconocer porque las escuché con el alma. Las sentí en cada espacio de mí; erizaron mi piel en cada instante. Son esos timbres los que hoy hacen ruido en mi cabeza: tantas palabras, tantas promesas, tantos "te amo" que, al final, solo me queda guardar como recuerdo.

Dentro de mí habitan dos voces, y ambas tienen su propio tono. Aunque distintas, en esencia somos muy parecidas. A veces, más que hablarme, una me susurra cuando percibe el bostezo de otro ser o escucha el eco de pensamientos que quizá no son buenos para mí.

Cuántas veces he silenciado esa voz tan única y especial que vive en mí. De cuántas cosas podría haberme librado si tan solo le hubiera hecho caso. Todo este tiempo ha estado ahí, susurrando un "ahí no es", pero nunca la escuché… hasta que la vida me hizo comprobar que ahí no era.

CARTA XI

UN SUEÑO Y UN ADIÓS

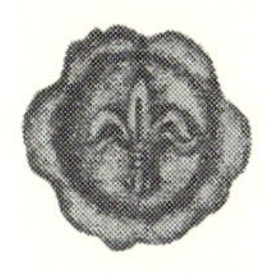

No puedo olvidar el sueño tan vívido que tuve la noche pasada. Al principio, todo era confuso: Siluetas sin rostro, voces distorsionadas y luces parpadeantes con el objetivo de nublar mi vista. Pero conforme avanzaba, todo fue cobrando sentido. Se trataba de un cierre, una especie de rito secreto que mi corazón necesitaba. Un ritual que jamás había visto antes… y sin embargo, lo reconocí como si siempre hubiera estado escrito para mí.

Todas las personas que alguna vez tocaron mi corazón estaban ahí. Reunidas en un mismo sitio, en un círculo de silencio sagrado. Me rodeaban, cada uno con una vela encendida y el fuego danzaba como si supiera que ese era el fin.

El propósito era claro: debía mirar a cada uno a los ojos, decir su nombre en voz alta, agradecer, y entonces, con una sola exhalación, apagar la vela. Es así que ese acto simbolizaba el cierre del ciclo, la despedida de lo que algún día fuimos y el regreso de mi energía.

Con algunos fue fácil. Sus rostros se desdibujan incluso antes de pronunciar sus nombres. Ya no dolían, ya no eran parte. Apagar su luz fue como dejar ir una sombra que ya no me pertenecía. Pero con otros fue distinto. Eran miradas que aún pesaban, voces que jamás dejaron de vibrar en mi pecho, cuerpos que llevaba tatuados en la piel.

Me temblaba la voz al agradecer, me costaba despedirme. Apagar su vela fue un acto de fuerza y fe: aceptar que probablemente eso era todo, era el fin. Porque tras el soplo, su luz se desvaneció en la oscuridad, o tal vez regresó a mí, como la energía que alguna vez entregué.

Al despertar mi corazón estaba en calma, como si ese sueño hubiera hecho el trabajo que yo no podía. Y entendí que ese ritual no solo fue un adiós a ellos, sino a las versiones de mí que los sostuvieron. Hoy elijo soltar con gratitud, cerrar los círculos que aún quedaban abiertos y quedarme conmigo, con mi fuego, sabiendo que quien se apaga, también deja espacio para que yo brille.

CARTA XII

ALMAS VIEJAS

Mi alma no se siente de este plano. No siento que yo hubiese nacido en el año en que mis ojos se abrieron por primera vez en esta vida. Siento que soy un alma vieja que se viste de poeta, que sale por las noches a encontrarse en las luces de cada ciudad antigua, buscando profundidad en todos los rincones del ser.

Hay algo que pasa cuando tomó pluma y papel: no soy yo, es algo más grande, como si dentro de mí existiera algo creador, alguien que soy pero en otra expresión, quizá la más divina de mí. Es algo que me llama y me arrastra a este viaje. Siento la necesidad de un encuentro con el "yo soy" que habita en mí.

La vida a veces viene y se va. Cuántas veces no he escuchado esto… pero en la mía, en mi historia, viene, arrasa, desarma y se va. Pero a mí me deja: sola, con mil dudas de mi camino, pero a la vez con más seguridad en mí. Raro, pero eso es lo que me pasa. Entonces, es ahí cuando creo que el amor no es para mí. Quizá no está hecho para personas como yo, o simplemente voy de paso en la vida de corazones enamorados. Me ilusiono, pero no es ahí.

Nunca se siente como si fuera ahí. Tengo sed, pero ningún cuerpo la sacia. Nada me hace sentir tanto como cuando me tengo que ir. Me encantan las despedidas, pero las silenciosas, esas en las que me voy aun estando ahí. Y cuando pasa el tiempo, se convierte en un recuerdo o en un verso… siempre dependerá de cuánto sentí.

CARTA XIII

VOLVER A MÍ

Todo este tiempo creí que las cartas iban dirigidas a alguien más. Hoy, después de este gran viaje, al volver a leerlas una por una, interpretando palabra por palabra, me doy cuenta que quizá, inconscientemente, el verdadero destinatario siempre fui yo.

Porque este viaje no se trataba de encontrar el amor en alguien, sino de encontrarlo en mí. De encontrarme. Mil dudas abrazaron mi cuerpo. Lo llené de inseguridad y me perdí por alguien más. Pero después de todo este tiempo, y de todo el dolor vivido, puedo respirar y ser feliz. La voz que habita en mí ahora es escuchada. He tenido un reencuentro con mi alma, con quien soy de verdad.

Hoy reconozco que todas las versiones que existen en mí están por algún motivo. No reprocho a la niña, mujer que fui, ni su manera de enamorarse. Ahora todo tiene un porqué. No estaría aquí si todos los amores no hubiesen sido.

Ahora puedo mirar hacia atrás en mi historia y abrazar todo con amor. Aprendí, crecí, amé. Todos los amores del pasado se entrelazan en uno solo. Es como si todas las partes de mí se redescubrieron… y por fin hallarán paz. No hay culpas, no hay ecos del pasado. Todo fue lo que tuvo que ser porque ahora entiendo dónde está el amor.

CARTA XIV

MIRARME

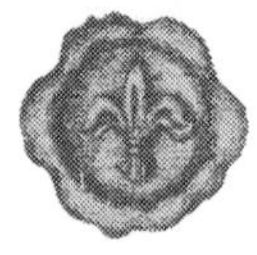

Quiero ser lo más sincera que pueda. Hablar desde el corazón, sin adornar y embellecer mis palabras. No busco romantizar este viaje, ni fingir que ha sido fácil. Encontrarte a ti mismo es también descubrirte en lo más intenso, en lo más íntimo. Es abrir ese viejo clóset donde guardamos todo lo que alguna vez nos gustó pero que hoy ya no nos pertenece. Es sacudir el polvo de los recuerdos, observarlos sin prejuicios, y atrevernos a tocar esas heridas que damos por cerradas, para por fin entender de dónde vienen y qué enseñanza nos traen.

Es bajar hasta lo más profundo de nuestro ser, y justo cuando creemos que es el final, darnos cuenta que aún quedan rincones oscuros que nunca nos atrevemos a mirar. Este viaje no es fácil, lo repito, requiere valentía, coraje. Porque no siempre nos gustará lo que encontremos. Pero de eso se trata: de vernos con nuestras heridas y aún así reconocernos valiosos, irrepetibles. Porque nadie tiene las mismas cicatrices, ni habita la misma piel.

Se trata de mirarnos de verdad, sin filtros, y comprender que no hay nada allá afuera que nos complete, porque todo está aquí, adentro. Es un camino largo, lleno de vueltas, sin mapas. Pero cuando, al final, llegas a ti… cuando puedes decir "me encontré", entonces todo, absolutamente todo, cobra sentido.

CARTA XV

LA PIEL QUE HOY HABITO

Terminaré con la carta más romántica que jamás he escrito, porque está dedicada a un amor que lo merece todo: a aquel que siempre me acompañó, que, a pesar de mis miedos, se atrevió; que cuando mi voz temblaba, salía a reforzar cada pensamiento que quería expresar. Aquella que, aun con cicatrices, siempre me ha mirado con amor, y en los momentos en que siento que no puedo más, me toma de la mano y me recuerda que soy capaz de eso y más.

Honro su forma de ver la vida, su manera de seguir creyendo en la bondad, su gentileza, su humildad. Me ha enseñado que hay mil formas de amar, y que todas están bien. Llevo conmigo su profundidad, su sensibilidad, y esa magia con la que transforma lo cotidiano en algo especial.

Esa mujer que riega las flores de mi jardín, que cultiva mi esperanza en el amor y fortalece mi fe. Esa versión de mí que siempre habitó en mi interior, pero que por mucho tiempo no me permití ser. Y hoy que es libre, puedo ver, a través de ella, todo lo especial que hay en mí. Porque la belleza no está en el físico, está en la esencia.

Me ha quitado la ropa, me ha vestido con piel, y me ha mostrado tantas verdades que durante años ignoré. Me enseñó a reconocerme, sin temor a mi espontaneidad. Gracias a esa mujer, hoy puedo habitarme. Gracias a la magia que existe en mí, hoy lleno de luz todos los rincones de mi ser. Esa mujer siempre estuvo aquí, siempre fui yo. Quizá en el pasado no me atreví a verla tal cual era, pero hoy… hoy estoy convencida de dejarla florecer.

Posdata: FIN PERO NO PARA SIEMPRE…

La ruta de mis besos
se terminó de imprimir en Madrid
en agosto de 2025

Opera Prima
www.operaprima.es